Jacques Prévert

Imaginaires

Gallimard

Jacques Prévert est né à Neuilly en 1900. Après avoir participé aux activités du groupe surréaliste de 1925 à 1929, il publia certains de ses textes dans des revues puis en rédigea pour le Groupe Octobre, une troupe itinérante de théâtre désireuse de contact direct avec le public populaire. Mais, faute d'un livre, la plupart des textes de Prévert circulaient tapés à la machine et presque par tradition orale, ou mis en musique, notamment par Joseph Kosma, sous forme de chansons de plus en plus connues.

En 1945 seulement René Bertelé édite un premier recueil, *Paroles*, qui fait événement. D'autres suivront : d'*Histoires* à *Choses et autres*, en passant par *Spectacle*, *La Pluie et le Beau Temps*, *Fatras* qui, avec ses images composées par l'auteur, révèle son goût des collages, largement confirmé depuis.

Jacques Prévert est aussi le scénariste et dialoguiste de plus de cinquante films : parmi eux, *L'affaire est dans le sac* et *Adieu Léonard*, réalisés par Pierre Prévert, *Le Crime de Monsieur Lange*, par Jean Renoir, *Drôle de drame*, *Le Quai des brumes*, *Le jour se lève*, *Les Visiteurs du soir*, *Les Enfants du paradis*, *Les Portes de la nuit*, par Marcel Carné, *Les Disparus de Saint-Agil* et *Sortilèges*, par Christian-Jaque, *Remorques* et *Lumières d'été*, par Jean Grémillon, *Les Amants de Vérone*, par André Cayatte, et le dessin animé *Le Roi et l'Oiseau*, par Paul Grimault.

Jacques Prévert est mort en 1977 à Omonville-la-Petite, auprès de sa femme Janine.

Imaginaires

La Création du

Sentiers

Bien avant les dernières créations urbai-
nes du Baron Haussmann, les rues étaient
les sentiers des villes. Aujourd'hui l'une
d'elles s'appelle encore rue du Sentier. On
y confectionne et vend des choses indis-
pensables aux dernières créations de la
mode à Paris.

Autrefois, cette rue n'était qu'une ruelle
qui fut successivement appelée rue du
Chantier, rue Centier et rue Centière.

Au cours du rude hiver 1612-1613, un
loup affamé est venu jusqu'à cette ruelle.
Ce pauvre loup n'eut pas l'honneur de
donner son nom à une rue de Paris
comme la colombe, le chat-qui-pêche, les
lions, les ours, les alouettes, le renard ou la
baleine qui, elle, eut tout de même droit à
une petite impasse dans le onzième.

Création

Quand créateur est pris absolument pour
signifier Dieu, on y met un grand C

(Petit Littré)

Colloques dans un sentier menant à un séminaire de création

Un croyant : Je crois.

Un incroyant : Je ne crois pas.

Le croyant : Vous doutez, peut-être !

L'incroyant : Non et sans aucun doute.

Le croyant : Alors vouliez-vous dire que vous ne croyez pas que je crois ?

L'incroyant : Oh vous savez, entre ce que je veux dire, ce que je dis ou ce que je tais, vous avez l'embarras du choix.

Excusez-moi, je vais faire un petit tour.

Le croyant : Un peu de footing !

L'incroyant : Non, l'homme se promène mais ne se marche pas.

Il s'éloigne et croise deux autres « séminaristes » qui, eux aussi, échangent des idées.

Un créant : Je crée.

Un mécréant : Pardonnez-moi mais votre affirmation me semble hors de créance.

Le créant (désagréablement surpris) : Comment !

Le mécréant : Comment ou qui ou quand ou pourquoi, ce n'est pas mon affaire et la création, pour moi, est un mot comme un autre, mais qui me semble un peu antibiologique.

Le créant : Vous avez étudié la…

Le mécréant : … la biologie. Absolument pas et pour ne rien vous cacher, nul autre que moi n'est plus nul que moi en cette science comme en toute autre.

Le créant : Alors…

Le mécréant : … je voulais simplement vous dire que le hasard, malencontreux ou non, ou la chance, bonne ou mauvaise, m'ont fait connaître et voir nombre de gens de lettres, de mots, de phrases et de livres qui se disent créateurs alors qu'ils sont, sans vouloir le savoir, tout bonnement des ordinateurs. Machines à écrire, machines à lire, à relire et à retenir tout ce qui déjà a été écrit, machines à retenir, transformer, rejeter et choisir.

16

Machines à se laver, à s'accuser, se disculper et se porter en triomphe discret. Souvent machines à se mentir et à se repentir et à se démentir et à cacher qu'ils ne peuvent se sentir.

J'en connais d'autres qui en connaissent d'autres qui en connaissent d'autres qui tout simplement et fort heureusement sont des désordonnateurs.

Le créant : Vous jouez sur les mots, c'est facile.

Le mécréant : Je ne joue pas sur les mots, je joue parfois avec et j'ajoute que sans moi ou d'autres, ils jouent très bien tout seuls. Les mots sont les enfants du vocabulaire, il n'y a qu'à les voir sortir des cours de création et se précipiter dans la cour de récréation. Là ils se réinventent et se travestissent, ils éclatent de rire et leurs éclats de rire sont les morceaux d'un puzzle, d'une agressive et tendre mosaïque.

Contre les maîtres mots, les mots tabous, c'est le tam-tam des mots-mots.

Et les mots sacrés se désacralisent et les mots secrets se créent.

Le créant : Les mots, toujours les mots, vous m'agacez et si vous continuez comme ça, nous allons, comme on dit, en venir aux mots.

Le mécréant : Pourquoi pas ? Sapiens, Faber ou Sexus Homo en proviennent puis en viennent et en reviennent toujours, gros ou grands Homo comme devant.

Pas d'amélioration.

Le créant (méprisant) : Et les idées aussi, vous jouez avec, bien sûr !

Le mécréant : De temps en temps seulement. Les idées sont jeux de société trop sérieux pour moi comme le jeu de l'oie et des lois ou le pari mutuel de Pascal, le tiercé de la Trinité ou les derniers jeux à la mode, jeux structuralistes ou linguistico-radiophoniques. On braque un micro sur le pauvre monde et il passe à la question et l'amnésie, cette insomnie de la mémoire, le saisit. Pourtant il a une foule de mots sur le bout de la langue, des mots utiles et vrais ou fous, mais le linguiste lui coupe le sifflet et il commente les langues vivantes, malades, agonisantes, cuites ou crues, braisées, coupées ou arrachées. Et c'est, toujours remis à la mode du jour, le vieux refrain du père Lustucru et de la mère Lustucuite.

Comme les eaux ou les os, les mots s'usent davantage quand on en fait mauvais usage et les abîme-mots féroces pourchassent, traquent et enferment les plus vrais, les plus libres, mais le mot libre, en cage, ne renie pas son nom, rouge, le mot rouge révolution reste rouge malgré les décorations et les décolorations, disséqué et nié le mot amour garde toute sa beauté.

Dans la plupart des grands écrits exprimant ou opprimant des idées, le mot bonheur est nié, tourné en dérision, tandis que le mot malheur est presque toujours à l'honneur et comme le mot honneur me fait rire, j'en profite pour vous dire, en partant, que j'ai bien l'honneur de vous saluer.

Le créant : Vous quittez le séminaire ?

Le mécréant : N'étant pas invité, je n'étais venu que pour me distraire, mais j'avais apporté quelques documents amusants ou émouvants, je vous les offre, faites-en l'usage que vous voudrez.

Il s'éloigne en chantonnant : Qui trop célèbre le cérébral fait rire le prévertébral.

Le créant hausse les épaules et jette un coup d'œil malveillant sur les « documents ».

Le premier a pour titre :

« De l'hilarité de la Vérité cloîtrée momentanément au fond d'un puits cartésien. »

Par un folisophe inconnu.

Il passe rapidement au second qu'il lit plus attentivement :

« DE PORT ROYAL À LA FORÊT DOMANIALE. »

« Adieu chère laie,
Mon sang lié au tien nous a donné de gentils marcassins, longue vie à vous tous, moi je suis blessé à mort, c'est la curée, c'est la tuerie, je souffre donc je suis... »

LETTRE D'UN SOLITAIRE
DE LA FORÊT DE COMPIÈGNE.
XVIIᵉ siècle.

Le créant hoche la tête puis, pressant le pas, va retrouver un autre créant, afin de poursuivre un dialogue plus cohérent.

De la Croix ou de Damas, tous les chemins, toutes les impasses, tous les culs-de-sac comme toutes les avenues de la Grande-Armée, tous les boulevards des Filles-du-Calvaire, tous les sentiers de la guerre mènent à Rome.

Comme le chemin des Écoliers, toutes les rues et les ruelles les plus malfamées mènent ailleurs.

Elle disait :

. . . .

« MAIS j'avais saigné du ventre avant
qu'ils aient saigné du nez.

. . . .

Bien sûr, je ne savais pas comment ça
marchait, le corps, l'atelier à souffrir, la
machine à plaisir, à rêver.

. . . .

Rêver
Un jour je rêvais debout, sur les quais
devant une vieille gravure, une planche de
dissection…
Une jolie femme aux épaules nues ou
plutôt dénudées avec la peau rabattue de
chaque côté…
Horreur et splendeur viscérales.
Manteau de chair à la doublure écarlate,
sanglant et tendre décolleté…
Mais c'était pas tellement terrible et pas
si laid, simplement cruel et vrai.

. . . .

Je me parlais : « C'est comme ça ton
"monde intérieur" avec l'urine, la merde,

l'amour, le sang et des pieds à la tête et de la tête au cœur.

. . . .

Fonctions naturelles
Je n'avais pas à en penser du mal ni à en dire du bien.

Après tout — ou avant tout — la nature est peut-être contre nature mais ce n'était pas une nature morte l'image qui me racontait la vie et dans la sanglante gravure de mode je voyais, comme je vous vois vous que je n'aperçois même pas, des choses marrantes et rassurantes.

Oui je voyais surtout une chose que l'imagier avait oubliée : le label cousu main sur la doublure pourpre du manteau de peau blanche, l'étiquette du grand couturier : « CRÉATION DIEU PÈRE ET FILS. »
Et je riais.
« Je savais qu'il ne s'agissait pas de HAUTE COUTURE mais simplement de prêt-à-porter. »

De la célébrité

D'abord le prénom, ensuite le nom et puis souvent, marrant ou insultant, le surnom.

Et pour quelques-uns le renom, avec des champignons renommés, les trompettes de la mort (ou de la renommée).

Des activités de création

Le surmulet vit dans la mer, le surmulot dans les égouts, mais s'il faut en croire le docteur Michael del Duca, ancien membre de la NASA, le surhomme ou « cyborg » vivra partout.

« L'homme apprendra à transformer directement la lumière solaire en énergie, comme les plantes. Grâce à la photosynthèse il n'aura plus besoin d'aliments. Il n'aura pas non plus besoin de sommeil, ou le réduira du moins à une petite fraction du tiers de l'existence humaine qu'il absorbe à l'heure actuelle en pure perte. Le "cyborg" du énième siècle sera libre de se déplacer à sa guise, de marcher, de flotter dans l'air, de voler ou de nager à travers l'atmosphère terrestre, les profondeurs de l'océan ou l'espace qui désormais ne sera plus hostile : il pourra explorer le monde à loisir et s'adonner à ses activités de création. »

Albert Rosenfeld

Correspondance

Surhommes,

Je vous souhaite bien du plaisir, vous aurez tant de choses à faire, sauf l'amour, rêver, ou lever votre verre à la beauté des femmes, à la santé de l'amitié.

Avec l'assurance de mes sentiments les plus ambivalents, recevez également celle de ma très sincère commisération.

Un rescapé du futur.

Lacunes

Aucune image d'Épinal ne montre le fou qui, en 1791, sur la route de Varennes-en-Argonne, arrêta le carrosse du roi Louis XVI en poussant un cri.

« Arrête, noble sire, tu nous as trahis. »

Un enfant sage comme une image regarde une image qui représente un enfant sage comme une image qui représente un enfant sage comme une image qui représente...

Mais l'enfant en a assez de cette unique représentation, il veut que le décor change et toute la pièce avec. « Cette image que je regarde, j'en fais ce que je veux, ça me regarde. »

Il détache la page avec soin, la déchire, lance les morceaux en l'air et attend que ça retombe, en désordre.

Et il ordonne ce désordre à sa guise, et bientôt découvre une autre image qui représente un enfant turbulent, comme il l'est lui-même souvent, secrètement et qui transforme, en souriant, le langage des images, comme il réforme et reforme les images du langage qu'on lui apprend habituellement, quand elles lui semblent être, et c'est souvent, les messages du mensonge.

Connaissez-vous la romance, la romance du muguet, elle commence comme elle finit, elle finit comme elle commence, la romance, la romance du muguet.

à Boris Vian
cette "image" qui le faisait rire
: le blanc, de ses ruses,
n'empêche pas le noir de fumer.

Perplexité

Homme entre le petit âge, le moyen âge,
le grand âge et, à demi enfoui dans le
marais de ses contradictions, se deman-
dant s'il est le gadget d'un mirage ou si
des homuncules s'échappant d'une œuvre
picturale font encore partie de la création
artistique.

04.68

Jacques Prévert

Graffiti prémonitoires

En France, à cause des événements de Mai 68, le téléphone ne fonctionnait déjà plus pendant les années précédentes.

1969

Partout dans Paris des images de Napo-
léon Ier.
La Ve République Française honore un
homme de sacre et de code, c'est dans
l'ordre.

Le Péril blanc

Les criminels de paix, petits ou grands assassins, les dérisoires artisans des faits divers quotidiens, ne tuent que leur prochain, les criminels de guerre massacrent leurs lointains et par tous les moyens. Les plus jeunes de leurs prochains protestent, les autres, pour la plupart, ne disent rien.

De la réalité

Avant la guerre de 14, un épicier de l'ave-
nue du Roule, à Neuilly, vendait des
« j'régale et j'rigole » ; c'étaient des sucres
d'orge entourés d'une image à faire rire.
L'une d'elles était un rébus dont le dessin
représentait un grand poisson plat dor-
mant sur un lit à baldaquin.
Peut-être était-il mort, c'était difficile à
savoir mais en tout cas, il avait un œil au
beurre noir. Cette image a été reproduite
bien souvent par la suite.

Images du temps

Sur les images, de loin, de près, de loin en loin, de près en près, du présent loin du près du temps, le personnage, le figurant de tous ces temps a toujours une faux à la main.

Pourquoi pas un boomerang.

Les sosies n'ont pas de signe de reconnaissance, les faux semblants du vrai semblable les égarent et ils passent sans se voir.

Dires d'art

En peinture, on ne connaît guère de paysages représentant la lune et le soleil, dans l'espace, en même temps. Pourtant !

Biothéologie

En favorisant le croisement d'une souris
d'autel avec un rat d'église, saint Sulpice
créa le rat d'art, fort habile à dénicher les
chefs d'œuvre pie et le premier à vulgari-
ser l'art des icônes ou Pope Art.

L'adulte abêtit son ignorance.

Henri Michaux

Les dieux ont toujours été
des chefs de bande dessinée.

Feuilles de vigne

Il y a des années, un dessin représentait une fillette dans un jardin public. Elle regardait la statue d'un beau jeune homme nu. Une légende la faisait parler : « J'attends l'Automne, disait-elle ».

Les hobereaux du domaine des idées demeurent perplexes devant les graffiti des vagabonds de la pensée.

Performance

Sur une plage déserte un homme court contre le sablier, mais la plage n'en finit pas.

L'homme a tout le temps devant lui, mais tout le temps c'est si loin !

Une hirondelle ne peut le faire mais un ustensile nucléaire peut aisément le foutre en l'air.

Ministère de ludique-action-publique

Art. I

L'enfant n'a pas de contrat, il n'a pas signé son acte de naissance. Il est libre de refuser tôt ou tard l'âge qu'on « lui donne » et d'en choisir un autre, d'en changer selon ses désirs, comme de le garder le temps qu'il lui plaît.

Éclipses

Vous qui appelez terre la terre de la Terre,
appellerez-vous lune la lune de la Lune ?

Planter un drapeau veut dire s'éclipser sans
payer.
Pourtant nous devons beaucoup à la Lune.
Elle illumine encore les nuits d'Hiroshima
et de Nagasaki.

Un livre de caricatures vient de paraître et l'on en dit grand bien. Pourtant c'est un moyen d'expression qui n'a plus sa raison d'être. Dieu a créé l'homme son et image et aujourd'hui, grâce à lui, la télévision ou petit écran montre journellement l'involontaire autocaricature des grands de ce monde.

Bibliofolie

On trouve tous les livres à la Bibliothèque
Nationale.

Sauf un.

C'est un livre qui délivre des livres, il est
écrit en vrac, une bien belle langue et les
images sont reproduites à l'improviste, une
bien belle machine.

Des Impressions d'Afrique de Roussel
comme de celles de Rousseau peuvent sur-
gir Fogar et la Bohémienne endormie.

Le Schmürtz passe par là comme chez lui
dans L'Herbe Rouge de Vian et la Séques-
trée de Poitiers dans son Cher grand petit
fond Malempia reçoit des amis qu'elle ne
connaît pas : Nadja, Vatek, Maldoror,
Aïrolo, Nana et la dame de Monsoreau.

Arrivent aussi, quand bon leur semble, la mère Ubu, Manon Lescaut, Chéri Bibi, Alice et son chat du Yorkshire, Éros et Osiris, les Pieds Nickelés, Don Quichotte et sa Dulcinée, le Destin et sa Destinée et la Sorcière de Michelet.

Et Michelet et la Belle et la Bête dont il disait, en évoquant leur conte : « Et je crois que personne n'a pu le lire sans pleurer. » Et qui donnait plus loin une merveilleuse et véritable image de l'amour.

« La femme est encore au monde ce qui est le plus nature. Elle a et garde toujours certains côtés d'innocence malicieuse qu'a le jeune chat et l'enfant de trop d'esprit. »

colloque pataphysique
cité Véron
dans le dix-huitième, à Paris

Messe-média

Mass for the massacre of mass.

Imaginez-vous…

Des hommes pourchassent d'autres hommes et aussi leurs femmes et leurs enfants : les derniers Indiens de l'Amazonie.

Pour une oreille humaine apportée en gage du travail accompli, ils touchent quelque argent.

Mais imaginez aussi que ce n'est pas tellement pour cet argent qu'ils font ce travail harassant et qu'au besoin, ils accepteraient une diminution de salaire.

Oui, ils feraient un petit sacrifice pécuniaire, c'est humain, afin de poursuivre leur safari sanglant.

Ils paieraient même de leur poche, s'ils en avaient les moyens.

Les Affreux, civils, militaires ou religieux ne poursuivent qu'un rêve, celui d'effacer à tout prix les belles et rares et libres images de la vie.

Bacilles

Ailleurs, ni beaux à imaginer ni à voir, leur petite tête chercheuse dans les mains, de grands cerveaux scientyphiques s'ingé-nient à mettre au point de nouvelles armes bactériologiques, cependant qu'au Soudan, en Afrique, de merveilleux danseurs don-nent radieusement, savamment, une vio-lente et tendre et menaçante image de la joie de vivre jour et nuit.

Missiles

Ailleurs encore d'autres têtes semblables — et non réduites — affirment que les dauphins qui vivaient libres il y a des millions d'années, sont fort joyeux d'avoir été domestiqués, qu'ils sont « presque aussi intelligents que l'homme » et ils précisent que ces « nouveaux amis » semblent très contents d'être soumis depuis peu à de très amusants exercices en vue de la prochaine grande dernière guerre sous-marine.

Ils ajoutent qu'ils commencent à déceler le langage de ces surprenants cétacés.

Et même, par ultra-sons, ils ont capté un message qui, malheureusement — et on le comprend — doit rester secret :

« OCÉAN PACIFIQUE OU BELLICISTE SI VOUS PRÉFÉREZ — 1969 D'APRÈS VOTRE CALENDRIER — J'ATTIRE POLIMENT VOTRE ATTENTION SUR LA CONNERIE DES PRIMATES ÉVOLUÉS.

UN DAUPHIN MALAPPRIVOISÉ »

Dernière heure : le mutin est recherché.

L' enclume de mer

Missels

D'autre part, une image toute récente représente un capucin porté à dos d'homme par un indigène du sud de la Colombie. Le supérieur de ce capucin est aussi chef de la police, on lui reconnaît le droit de « contrôle nocturne de la moralité familiale ». Ainsi, grâce à la flicaille du Bien et du Mal, l'ordre moral est assuré dans le pays.

Lock-out

Mourrons-nous de faim si nous arrêtons
de fabriquer des machines à mourir de
guerre ?

Le télépathophone

Pas besoin d'être abonné, rien à décrocher puisque depuis longtemps tout est accroché.

Merveilleusement.

La parque elle-même ne peut rien couper.

Vous appelez ceux que vous aimiez ou celle qui vous aimait.

Ils viennent, vous les voyez, vous les entendez, où vous voulez.

Et ils ne viennent pas au plus vite, ni au plus tôt, ni au plus tard, ils sont là immédiatement.

Et parmi eux ceux qui sont morts ne sont pas des revenants.

Ce qu'on appelle la mémoire est relégué dans ce qu'on appelle le temps.

Les images des Mille et Une Nuits sont à celles de la Bible ce que celles de la Mythologie grecque ou indoue sont à celles du catéchisme.

« Toutes ces histoires, dit le sultan Shariar, sont infiniment morales. » Qu'on ne se scandalise point : il a assurément raison. Shaharazade faisait fort sagement de ne point priver de les entendre la petite Doniazade, car "toutes choses sont propres et pures aux âmes propres et pures" et peut-être même n'y a-t-il de morales que les histoires qui traitent des choses situées au-dessous de la ceinture. »

Alfred Jarry
La Revue Blanche 1901

À l'orée d'un bois, un christ en croix
épouvante un enfant chinois.

Une vache regardait la voie lactée et n'y voyait aucun train passer.

La caméra-baby

Un nouveau-né jette un regard sur un ancien-né mais ce dernier ne connaîtra jamais le secret de l'image enregistrée par le bébé.

Un innocent regarde des images de l'enfer et n'y voit que du feu.

Depuis des siècles, l'iconographie mondiale est pleine d'images du cœur.
Le cerveau n'apparaît que sur les planches
anatomiques.

SOMMAIRE

LES COMMANDEMENTS DE DIEU & DE L'ÉGLISE

Ie nuipt en ce mois passe
Trauaille tourmente lasse
sforment pensifz ou lit me mis
Comme homme las qui A si mis
Son cueur en la mercy damours
Que ma vie en plains et en plours

L'ogre

Certains peintres, quand ils se regardent dans la glace, se voient croqués par Picasso.

La nuit, quand la maison s'ennuie, la porte s'entrebâille et vient le colporteur d'images avec la lanterne des rêves.
Ou des cauchemars.

Enfant, j'ai été déçu et triste quand les images sanglantes du supplément du Petit Journal m'apprirent que des Noirs, eux aussi, faisaient commerce d'esclaves.

Saint Moving Pictures

Dans un grand super-film en couleurs, on voit Dieu piquer une crise de colère divine parce que Salomon trompe son harem avec la Reine de Saba.

Salutiste contestant l'érotisme

« Si on avait compté les siècles après *Dionysos*, Civa, Vénus, Kamadeva ou Rupac-Inca-Yupan, au lieu de les compter après J.-C., tout aurait été peut-être aussi sanglant mais plus beau, plus libre et même plus gai. »

Taviré Takuti

Les trois grâces

Un docteur en théologie, travesti pour la circonstance, essaye de ramener dans le droit chemin trois cover-girls, Aglaé, Thalie et Euphrosine qui lui répondent sans rien dire, avec une éclatante indifférence.

La belle et la bête

Comptine

Une souris verte qui courait dans l'herbe,
attrapée par la queue et montrée à ces messieurs, ces messieurs n'en croient pas leurs
yeux.
Ils ont tort même si elle est rouge.

Missives

Vincent Van Gogh était aussi un merveilleux peintre en lettres.

Musées

Un christique d'art d'une proéminente autorité, voyant, au Musée de l'Œuvre de Notre-Dame, à Strasbourg, une peinture Haut-Rhénane du XVe siècle, figurant la perplexité de Joseph sur la virginité de Marie, fut pris de fort morose bien qu'un peu égrillarde anxiété.

Il arrivait d'Anvers où il avait vu et étudié la Vierge et l'Enfant entourés d'Anges par Fouquet.

La Vierge était si belle, si désirable, son décolleté si provocant et les anges si diablement rouges, que la perplexité de Joseph finit par le gagner.

Mais il fut rasséréné à Florence devant une œuvre de Le Guerchin : Saint Joseph et le Bâton Mystique.

En peinture comme en Écritures tout s'explique.

Aucune image n'est immédiate, toutes sont dans le loin, le tôt, le proche ou le tard.

Les anneaux de Saturne

En raison de services rendus, Saturne permit à Janus de convoler avec lui-même en justes noces sans être contraint de se demander sa main et le roi fut heureux comme un roi mais sans plus et même beaucoup moins que les témoins amoureux qui, à eux deux, ne faisaient qu'un.

ANNALES DE LA COMPLEXITÉ
Chapitre 2
« Le voici l'anneau si doux. »

Terre à terre

La terre regarde la terre, tout le monde regarde tout le monde, personne n'y comprend rien.

GERHARD DOW.

From the original Picture in the possession of

THE MOST NOBLE

THE

MARQUIS OF STAFFORD.

Painted by GERHARD DOW in the 24ᵗʰ Year of his Age.

Drawn by W.M. CRAIG, and Engraved, with permission, by I. SCRIVEN, Engraver

To HIS ROYAL HIGHNESS THE PRINCE REGENT.

London, Published Aug.ᵗ 17 1817, by Longman, Hurst, Rees, Orme & Brown, Paternoster Row, Cadell & Davies, Strand; White, & W.ᵐ Lindsey, N.º 24, Old Bond Street.

De désert ou de gouttière, les félins sont des rois sur la terre et le lion éclairé par la lune et qui traverse un des plus beaux tableaux du monde sans réveiller la Bohémienne endormie, le Douanier Rousseau était son ami.

Cataire

Ils ont insulté les vaches
ils ont insulté les gorilles
les poulets
ils ont insulté les veaux
ils ont insulté les oies,
les serins, les cochons,
les maquereaux,
les chameaux
ils ont insulté les chiens,
les chats
ils n'ont pas osé.

La femme peut se changer en chatte quand elle veut mais comme elle a un peu peur des souris, elle préfère jouer avec le premier petit homme qui lui tombe sous la patte.

Ésiope

Antibes 1962

à michele
Jacques

La bonne aventure

— Et quand je serai grande, dit la petite fille.

— Tu resteras petite, dit le chat.

— Alors je serai naine, dit la petite fille inquiète.

— Non, dit le chat, tu seras reine, reine de tes rêves et tu deviendras une femme en restant une enfant.

— Je serai belle, dit la petite fille.

— Oui, dit le chat.

— Vous dites ça pour me faire plaisir, dit la petite fille.

— Non, dit le chat, mais cela te sera utile.

— Merci chat, je reviendrai l'année prochaine, dit la petite fille.

— L'année prochaine ! Tu vois, c'est tout simple, toi aussi tu prédis l'avenir, dit le chat.

Au musée du Louvre

La nuit, un gardien se réveille en sursaut,
il a entendu du bruit.
Mais il murmure en souriant : « Ce n'est
rien, le fou rire de la Joconde, ça la prend
de temps en temps. »
Et il se rendort tout content.

Figurez-vous la figure d'un homme dépaysé
devant un paysage non figuratif.

Monument élevé à la très
douce souvenir Nartine

Collages

Collage : Situation d'un homme et d'une femme qui vivent ensemble sans être mariés.
Papiers collés : Composition faite d'éléments collés sur la toile.

(Petit Robert)

Roi Image du collage :
Max Ernst.

Chiens collés : Châtiment infligé aux chiens n'ayant pas d'âme et vivant en concubinage.

Décollage : Image d'un avion arraché de l'image de l'aéroport (ou aérodrame s'il s'écrase sur le sol).

Image réconfortante s'il s'agit d'un bombardier.

D'ailleurs

Ce fut mon grand ancêtre Nabucho-dinosaure qui prononça sur son lit d'algues et de mort, la fameuse phrase prémonitoire et préhistorique : Après moi le déluge !

Moi je ne suis pas le revenant d'un domaine hanté-diluvien, mais simplement un des rares survivants d'un ailleurs très lointain.

Dans le bocal de ma tête, un petit cœlacanthe rouge tourne sans cesse et, qu'encore il bouge, me met en liesse. Il en faut peu pour me distraire et il en est de même pour un vieil ami écossais, du Lochness pour préciser. Tout comme moi il a été très surpris mais très amusé en constatant, à la veillée, que tous les commentateurs, les illustrateurs de la Genèse, cette unique encyclopédie mondiale, en décrivant la création des animaux proprement dits, puis peu après des animaux nommés humains, se sont bien gardés de montrer ou d'évoquer nos premiers parents, observant même à cet égard un silence prudent et religieux.

Et pourtant nos grands, nos gigantesques ancêtres, malgré leur toute petite tête chercheuse et leur cervelet dérisoire, ne méritaient pas d'être précipités dans les oubliettes de l'après-histoire.

MÉMOIRES DE CHARLES
DE TERRE ET MER

Jacques Prévert

Le bestiaire des superstitions
a ses rêves, la ménagerie des
religions ses cages.

—

De toutes les couleurs

Les feuilles roses du Petit Larousse c'est peu de choses auprès des feuilles multicolores du Grand Illettré Illustré.

C'est dans ce dictionnaire sauvage que l'inculture comme l'autoculture trouve ses lettres de noblesse et s'empresse de les jeter au panier ne regardant et ne gardant que les innombrables et folles images de la vie hors des mornes normes d'un monde où les Mondains tentent vainement depuis toujours de ramener plus bas que terre les Terriens.

Connaissez-vous la romance, la romance du mot mû nu, la romance du mot mû gai. Elle finit comme elle commence, la romance, la romance...

Il n'y a point de point initial alors pourquoi un point final

NOTES

Sentiers, p. 13 : référence, Jacques Hillairet, « Évocation du vieux Paris ».

Des activités de création, p. 26 : citation d'Albert Rosenfeld, © Éd. Bernard Grasset.

Missels, p. 64 : d'après Victor Daniel Bonilla, sociologue.

TABLE DES ILLUSTRATIONS

ŒUVRES DE JACQUES PRÉVERT

Aux Éditions Gallimard

PAROLES (repris en « Folio », *n° 762*).

DES BÊTES. *Photographies d'Ylla.*

SPECTACLE (repris en « Folio », *n° 104*).

LETTRE DES ÎLES BALADAR. *Avec des dessins d'André François. Nouvelle édition en 1967.*

LA PLUIE ET LE BEAU TEMPS (repris en « Folio », *n° 90*).

HISTOIRES (repris en « Folio », *n° 119*).

FATRAS. *Avec cinquante-sept images composées par l'auteur* (repris en « Folio », *n° 877*).

CHOSES ET AUTRES (repris en « Folio », *n° 646*).

GRAND BAL DE PRINTEMPS, *suivi de* CHARMES DE LONDRES (repris en « Folio », *n° 1075*).

ARBRES. *Illustrations de Georges Ribemont-Dessaignes.*

GUIGNOL. *Illustrations d'Elsa Henriquez.*

LE ROI ET L'OISEAU. *En collaboration avec Paul Grimault.*

SOLEIL DE NUIT (repris en « Folio », *n° 2087*).

HEBDROMADAIRES. *En collaboration avec André Pozner*, « Folio », *n° 522. Nouvelle édition revue et augmentée d'inédits en 1982.*

COLLAGES. *Textes d'André Pozner. Préface de Philippe Soupault.*

LE PETIT LION. *Avec des photographies d'Ylla.*

LA CINQUIÈME SAISON. *Édition d'Arnaud et Danièle Laster avec le concours de Janine Prévert* (repris en « Folio », *n° 3330*).

JENNY — LE QUAI DES BRUMES. *Scénarios.*

LA FLEUR DE L'ÂGE — DRÔLE DE DRAME. *Scénarios.*

LE CRIME DE MONSIEUR LANGE — LES PORTES DE LA NUIT. *Scénarios* (repris en « Folio », *n° 3033*).

ATTENTION AU FAKIR ! *suivi de* TEXTES POUR LA SCÈNE ET L'ÉCRAN.

DÎNER DE TÊTES À PARIS-France. *Ouvrage conçu et réalisé par Massin.*

CORTÈGE. *Ouvrage conçu et réalisé par Massin.*

Bibliothèque de la Pléiade

ŒUVRES COMPLÈTES, I & II.

Enfantimages

PÊCHE À LA BALEINE. *Illustrations d'Henri Galeron.*

GUIGNOL. *Illustrations d'Elsa Henriquez.*

PAGE D'ÉCRITURE. *Illustrations de Jacqueline Duhême.* Repris en « Folio Benjamin », *n° 115.*

LE DROMADAIRE MÉCONTENT. *Illustrations d'Elsa Henriquez.* Repris en « Folio Benjamin », *n° 13, illustrations de Francis Quiquerez.*

La Bibliothèque de Benjamin

5 HISTOIRES DE JACQUES PRÉVERT.

Folio Cadet

AU HASARD DES OISEAUX, ET AUTRES POÈMES. *Illustrations de Jacqueline Duhême, n° 276.*

CONTES POUR ENFANTS PAS SAGES. *Illustrations d'Elsa Henriquez, n° 181.*

Folio Benjamin

EN SORTANT DE L'ÉCOLE. *Illustrations de Jacqueline Duhême, n° 114.*

HISTOIRE DU CHEVAL. *Illustrations d'Elsa Henriquez Savitry, n° 116.*

CHANSON POUR CHANTER À TUE-TÊTE ET À CLO-CHE-PIED. *Illustrations de Marie Gard, n° 120.*